Europäische Kommission

2013/432/EU: Durchführungsbeschluss der Kommission vom 13. August 2013

zur Änderung des Beschlusses 2011/207/EU über ein spezifisches Kontroll- und Inspektionsprogramm für wiederaufzufüllende Bestände von Rotem Thun im Ostatlantik [...]

AF865443

AP

Antiphon Verlag

Europäische Kommission

2013/432/EU: Durchführungsbeschluss der Kommission vom 13. August 2013

zur Änderung des Beschlusses 2011/207/EU über ein spezifisches Kontroll- und Inspektionsprogramm für wiederaufzufüllende Bestände von Rotem Thun im Ostatlantik [...]

1. Auflage 2026 | ISBN: 978-3-38798-662-4

Antiphon Verlag ist ein Imprint der Antiquum Novum Verlag.

Verlag: Antiquum Novum Verlag UG (haftungsbeschränkt), Im Erlengrund 6a, 35510 Butzbach, Deutschland, info@antiquum-novum.de
Vertretungsberechtigt: E. Roepke, Zeilweg 44, 60439 Frankfurt, Deutschland
Druck: Libri Plureos GmbH, Friedensallee 273, 22763 Hamburg, Deutschland

BESCHLÜSSE

DURCHFÜHRUNGSBESCHLUSS DER KOMMISSION

vom 13. August 2013

zur Änderung des Beschlusses 2011/207/EU über ein spezifisches Kontroll- und Inspektionsprogramm für wiederaufzufüllende Bestände von Rotem Thun im Ostatlantik und im Mittelmeer

(Bekanntgegeben unter Aktenzeichen C(2013) 5224)

(2013/432/EU)

DIE EUROPÄISCHE KOMMISSION —

gestützt auf den Vertrag über die Arbeitsweise der Europäischen Union,

gestützt auf die Verordnung (EG) Nr. 1224/2009 des Rates vom 20. November 2009 zur Einführung einer gemeinschaftlichen Kontrollregelung zur Sicherstellung der Einhaltung der Vorschriften der Gemeinsamen Fischereipolitik ([1]), insbesondere auf Artikel 95,

in Erwägung nachstehender Gründe:

(1) Die Internationale Kommission für die Erhaltung der Thunfischbestände im Atlantik (ICCAT) hat 2006 einen mehrjährigen Wiederauffüllungsplan für Roten Thun im Ostatlantik und im Mittelmeer angenommen. Die ICCAT hat diesen mehrjährigen Wiederauffüllungsplan auf der Jahrestagung 2008 geändert. Der geänderte Plan wurde durch die Verordnung (EG) Nr. 302/2009 des Rates vom 6. April 2009 über einen mehrjährigen Wiederauffüllungsplan für Roten Thun im Ostatlantik und im Mittelmeer ([2]) in EU-Recht umgesetzt. Auf der ICCAT-Jahrestagung 2010 wurde dieser Plan durch die ICCAT-Empfehlung 10-04 erneut geändert und gebilligt und durch die Verordnung (EU) Nr. 500/2012 des Europäischen Parlaments und des Rates vom 13. Juni 2012 zur Änderung der Verordnung (EG) Nr. 302/2009 des Rates über einen mehrjährigen Wiederauffüllungsplan für Roten Thun im Ostatlantik und im Mittelmeer ([3]) in EU-Recht umgesetzt.

(2) Zur erfolgreichen Durchführung des geänderten Wiederauffüllungsplans wurde die Entscheidung 2009/296/EG der Kommission ([4]) angenommen, mit der für einen Zeitraum von zwei Jahren, vom 15. März 2009 bis zum 15. März 2011, ein spezifisches Kontroll- und Inspektionsprogramm erstellt wurde.

(3) Das durch den Beschluss 2011/207/EU der Kommission ([5]) aufgelegte spezifische Kontroll- und Inspektionsprogramm für wiederaufzufüllende Bestände von Rotem Thun im Ostatlantik und im Mittelmeer wurde mit dem Ziel verabschiedet, die Kontinuität des durch den Beschluss 2009/296/EG festgelegten Programms sicherzustellen und umgehend bestimmte Punkte der ICCAT-Empfehlung 10-04 umzusetzen. Der Beschluss 2011/207/EU gilt für den Zeitraum vom 15. März 2011 bis zum 15. März 2014.

(4) Vor dem Hintergrund der Diskussionen auf der ICCAT-Jahrestagung 2011 und im Hinblick auf die vollständige Umsetzung der Forderungen der ICCAT sowie angesichts der Tatsache, dass diese Forderungen bislang nicht in EU-Recht umgesetzt wurden, empfahl es sich, den Beschluss 2011/207/EU zu ändern, um die Vorgaben bezüglich der stichprobenartigen Kontrollen sowie der Pilotprojekte gemäß Absatz 87 der ICCAT-Empfehlung 10-04 zur Festlegung eines mehrjährigen Wiederauffüllungsplans für Roten Thun im Ostatlantik und im Mittelmeer zu erfüllen. Deshalb wurde der Durchführungsbeschluss 2012/246/EU der Kommission vom 2. Mai 2012 zur Änderung des Beschlusses 2011/207/EU über ein spezifisches Kontroll- und Inspektionsprogramm für wiederaufzufüllende Bestände von Rotem Thun im Ostatlantik und im Mittelmeer ([6]) veröffentlicht.

(5) Auf ihrer Jahrestagung 2012 hat die ICCAT die Empfehlung 12-03 zur Änderung des mehrjährigen Wiederauffüllungsplans für Roten Thun angenommen. Um die Kontinuität des mit dem Beschluss 2011/207/EU aufgestellten Programms sicherzustellen und bestimmte Punkte der ICCAT-Empfehlung 12-03 unmittelbar umzusetzen, ist es angezeigt, einige überholte oder fehlerhafte Bezüge in dem Beschluss 2011/207/EU zu aktualisieren und zu korrigieren.

(6) Der Beschluss 2011/207/EU sollte daher entsprechend geändert werden.

(7) Die in diesem Beschluss vorgesehenen Maßnahmen entsprechen der Stellungnahme des Ausschusses für Fischerei und Aquakultur —

([1]) ABl. L 343 vom 22.12.2009, S. 1.
([2]) ABl. L 96 vom 15.4.2009, S. 1.
([3]) ABl. L 157 vom 16.6.2012, S. 1.
([4]) ABl. L 80 vom 26.3.2009, S. 18.
([5]) ABl. L 87 vom 2.4.2011, S. 9.
([6]) ABl. L 121 vom 8.5.2012, S. 25.

BESCHLIESST:

Artikel 1

Der Beschluss 2011/207/EU wird wie folgt geändert:

1. Artikel 1 erhält folgende Fassung:

„*Artikel 1*

Mit diesem Beschluss wird ein spezifisches Kontroll- und Inspektionsprogramm mit dem Ziel aufgestellt, die harmonisierte Durchführung des mehrjährigen Wiederauffüllungsplans für Roten Thun im Ostatlantik und im Mittelmeer sicherzustellen, den die Internationale Kommission für die Erhaltung der Thunfischbestände im Atlantik (ICCAT) 2006 angenommen hat und der mit der Verordnung (EG) Nr. 302/2009 umgesetzt, mit der Verordnung (EU) Nr. 500/2012 des Europäischen Parlaments und des Rates (*) im EU-Recht festgeschrieben und zuletzt durch die ICCAT-Empfehlung 12-03 vom 10. Dezember 2012 geändert wurde.

(*) ABl. L 157 vom 16.6.2012, S. 1."

2. Artikel 3 Nummer 2 erhält folgende Fassung:

„2. sämtliche Fänge, Anlandungen, Umsetzungen, Umladungen und das Einsetzen in Netzkäfige, einschließlich durchgeführter Pilotstudien zur besseren Schätzung von Anzahl und Gewicht von Rotem Thun beim Fang und beim Einsetzen in Netzkäfige, auch durch den Einsatz stereoskopischer Systeme und das Programm, das stereoskopische Kamerasysteme oder ebenso präzise alternative Techniken nutzt, die 100 % der Einsetzvorgänge in Netzkäfige abdecken, um die Anzahl und das Gewicht der Fische bei jedem Einsetzvorgang genauer bestimmen zu können;".

3. Artikel 4 wird wie folgt geändert:

a) Nummer 4 erhält folgende Fassung:

„4. die Durchführung von Beobachterprogrammen in der Europäischen Union einschließlich des Beobachterprogramms der Mitgliedstaaten und des ICCAT-Programms für regionale Beobachter gemäß den Absätzen 90, 91 und 92 sowie Anhang 7 der ICCAT-Empfehlung 12-03;".

b) Nummern 6, 7, 8, 9 und 10 erhalten folgende Fassung:

„6. spezielle technische Maßnahmen und Bedingungen für die Fischerei auf Roten Thun gemäß der ICCAT-Empfehlung 12-03, insbesondere vorgeschriebene Mindestgrößen und daran geknüpfte Bedingungen;

7. mengenmäßige Fangbeschränkungen und daran geknüpfte Sonderbestimmungen einschließlich der Überwachung der Quotenausschöpfung im Sinne der ICCAT-Empfehlung 12-03;

8. Dokumentationsvorschriften für Roten Thun nach Maßgabe der ICCAT-Empfehlung 12-03;

9. die Durchführung von Pilotstudien, wie sowohl Anzahl als auch Gewicht des Roten Thuns beim Fang und beim Einsetzen in Netzkäfige besser geschätzt werden können, auch durch den Einsatz stereoskopischer Systeme;

10. die Durchführung eines Programms, das stereoskopische Kamerasysteme oder ebenso präzise alternative Techniken nutzt, die 100 % der Einsetzvorgänge in Netzkäfige abdecken, um die Anzahl und das Gewicht der Fische bei jedem Einsetzvorgang genauer bestimmen zu können."

4. Artikel 7 Nummern 1 und 2 erhalten folgende Fassung:

„1. der gemeinsamen internationalen Inspektionsregelung der ICCAT gemäß den Absätzen 99, 100 und 101 sowie Anhang 8 der ICCAT-Empfehlung 12-03;

2. den in der ICCAT-Empfehlung 12-03 und dort besonders in Anhang 8 vorgegebenen Inspektionsmethoden;".

5. Artikel 9 Absatz 1 erhält folgende Fassung:

„(1) Beabsichtigt ein Mitgliedstaat, im Rahmen eines gemeinsamen Einsatzplans in den Gewässern unter der Gerichtsbarkeit eines anderen Mitgliedstaats überwachend tätig zu werden und Fischereifahrzeuge zu inspizieren, so teilt er seine Absicht der Kontaktstelle des betreffenden Küstenmitgliedstaats gemäß Artikel 80 Absatz 5 der Verordnung (EG) Nr. 1224/2009 des Rates und der Europäischen Fischereiaufsichtsagentur (EUFA) mit."

6. Artikel 12 Absatz 1 erhält folgende Fassung:

„(1) Das spezifische Kontroll- und Inspektionsprogramm wird über die nationalen Kontrollprogramme, die Griechenland, Spanien, Frankreich, Italien, Zypern, Malta und Portugal gemäß Artikel 46 der Verordnung (EG) Nr. 1224/2009 erstellt haben, und ab dem 1. Juli 2013 auch über das nationale Kontrollprogramm Kroatiens durchgeführt."

7. Artikel 15 wird wie folgt geändert:

a) Absatz 2 erhält folgende Fassung:

„(2) Jährlich werden am 15. Juli und 15. September Zwischenberichte für den Zeitraum bis zum Ende des Vormonats übermittelt, und der Abschlussbericht für das Vorjahr wird am 15. Januar vorgelegt."

b) Absatz 3 Buchstabe b Ziffern i und ii erhalten folgende Fassung:

„i) die Identifizierung des Fischereifahrzeugs (Name, Flagge, Fanggerät und ICCAT-Nummer, Nummer des EU-Flottenregisters oder äußeres Schiffskennzeichen), der Tonnare, des Zuchtbetriebs oder des in der Verarbeitung von bzw. im Handel mit Erzeugnissen aus Rotem Thun tätigen Unternehmens;

ii) Datum und Ort der Inspektion sowie die Menge an Rotem Thun im Zusammenhang mit dem Verstoß;“.

8. Die Anhänge I, II, III und IV erhalten die Fassung des Anhangs des vorliegenden Beschlusses.

Artikel 2

Dieser Beschluss ist an die Mitgliedstaaten gerichtet.

Brüssel, den 13. August 2013

Für die Kommission
Maria DAMANAKI
Mitglied der Kommission

ANHANG

„ANHANG I

ECKWERTE

Die in diesem Anhang spezifizierten Eckwerte sollen insbesondere Folgendes sicherstellen:

a) die vollständige Überwachung jedes Einsetzens in Netzkäfige in EU-Gewässern;

b) die vollständige Überwachung von Umsetzvorgängen;

c) die vollständige Überwachung gemeinsamer Fangeinsätze;

d) die Überprüfung sämtlicher Unterlagen, die für Roten Thun verbindlich vorgeschrieben sind, namentlich die Überprüfung der Zuverlässigkeit der Aufzeichnungen.

Ort der Inspektion	Eckwert
Einsetzen in Netzkäfige (einschließlich Entnahme)	Jedes Einsetzen in einen Netzkäfig in einen Zuchtbetrieb muss vom Flaggenmitgliedstaat des Fangschiffs binnen 48 Stunden nach Vorlage der verlangten Angaben für das Einsetzen in Netzkäfige genehmigt werden. Die Partei, deren Gerichtsbarkeit der Mast- oder Aufzuchtbetrieb für Roten Thun untersteht, trifft die erforderlichen Vorkehrungen, nach denen es verboten ist, Roten Thun, für den die von der ICCAT geforderten und von den Behörden des Fangschiff- oder Tonnarenflaggenstaats bestätigten und validierten Begleitdokumente (*) (Nummer 86 der ICCAT-Empfehlung 12-03) nicht vorgelegt werden, zu Mast- oder Aufzuchtzwecken in Netzkäfige einzusetzen. Jeder Einsetz- und Entnahmevorgang muss von den zuständigen Behörden des Mitgliedstaats des Fischzuchtbetriebs im Einklang mit den einschlägigen Kontrollpflichten der ICCAT-Empfehlungen 06-07 und 12-03 kontrolliert werden. Das Einsetzen der Fische in Netzkäfige muss vor dem 15. August erfolgen, sofern kein triftiger Grund vorliegt (Absatz 85 der Empfehlung 12-03).
Inspektion auf See	Eckwert, der nach eingehender Analyse der Fangtätigkeit in jedem Gebiet festgelegt wird. Diese Eckwerte betreffen die Zahl der Patrouillentage auf See in dem spezifischen Gebiet für die Wiederauffüllung von Rotem Thun unter Angabe der Fangsaison und der Art der zu inspizierenden Fangtätigkeit.
Umsetzvorgänge	Umsetzvorgänge müssen vorab von den Flaggenstaaten auf Basis vorheriger Anmeldungen genehmigt werden (Absatz 77 der ICCAT-Empfehlung 12-03). Jeder Umsetzvorgang erhält eine Bewilligungsnummer (Absatz 78 der ICCAT-Empfehlung 12-03). Das Umsetzen wird innerhalb von 48 Stunden nach entsprechender Anmeldung des Vorgangs genehmigt (Absatz 78 der ICCAT-Empfehlung 12-03). Nach Abschluss des Umsetzvorgangs wird dem Flaggenstaat eine ICCAT-Umsetzerklärung zugestellt (Absatz 79 der ICCAT-Empfehlung 12-03). Alle Umsetzvorgänge müssen mittels Videokamera im Wasser überwacht werden (Absatz 81 und Anhang 9 der ICCAT-Empfehlung 12-03).

Ort der Inspektion	Eckwert
Umladungen	Alle beteiligten Schiffe sind bei der Ankunft vor Beginn der Umladevorgänge und nach Beendigung der Umladung vor ihrer Abfahrt zu inspizieren. In nicht bezeichneten Häfen sind Stichprobenkontrollen vorzunehmen. Spätestens 48 Stunden nach dem Datum der Umladung im Hafen wird dem Flaggenstaat eine Umladeerklärung zugestellt (Absatz 66 der ICCAT-Empfehlung 12-03).
Gemeinsamer Fangeinsatz	Alle gemeinsamen Fangeinsätze müssen im Vorfeld von den Flaggenstaaten genehmigt worden sein. Die Mitgliedstaaten zeichnen sämtliche gemeinsamen Fangeinsätze, die sie genehmigt haben, auf und schreiben diese Aufzeichnungen fort.
Luftüberwachung	Variabler Eckwert, der nach eingehender Analyse der Fangtätigkeit in jedem Gebiet und unter Berücksichtigung der dem Mitgliedstaat zur Verfügung stehenden Mittel festgelegt wird.
Anlandungen	Alle Schiffe, die zum Anlanden von Rotem Thun in einen bezeichneten Hafen einlaufen, müssen kontrolliert werden, und ein bestimmter Prozentsatz muss auf der Grundlage eines Risikobewertungssystems, in dem Fangquote, Flottengröße und Fischereiaufwand berücksichtigt werden, inspiziert werden. In nicht bezeichneten Häfen sind Stichprobenkontrollen vorzunehmen. Die zuständige Behörde übermittelt der Flaggenstaatbehörde des Fischereifahrzeugs binnen 48 Stunden nach Abschluss der Anlandung eine Aufzeichnung der Anlandung (Absatz 70 der ICCAT-Empfehlung 12-03).
Vermarktung	Variabler Eckwert, der nach eingehender Analyse der Vermarktungstätigkeiten festgelegt wird.
Sport- und Freizeitfischerei	Variabler Eckwert, der nach eingehender Analyse der im Einzelnen durchgeführten Sport- und Freizeitfischerei festgelegt wird.
Tonnaren	100 % der Entnahme- und Transfervorgänge müssen einer Inspektion unterzogen werden.

(*) Von Malta per E-Mail vom 12. Juni 2013 geforderte Änderung.

ANHANG II

VON INSPEKTOREN EINZUHALTENDE VERFAHREN

1. Inspektionsaufgaben

1.1. *Allgemeine Inspektionsaufgaben*

Für jede Kontrolle und Inspektion ist ein Inspektionsbericht in einem geeigneten Format gemäß Teil 2 dieses Anhangs zu erstellen. Die Inspektoren müssen in jedem Fall Folgendes überprüfen und in ihren Inspektionsbericht eintragen:

1. Angaben zur Identität der zuständigen Personen sowie zum Schiff, dem Aufzuchtbetrieb, der Tonnare, dem Personal usw., die in die kontrollierten Tätigkeiten eingebunden sind;

2. Genehmigungen, Lizenzen und spezielle Fangerlaubnis;

3. einschlägige Schiffsunterlagen wie Logbücher, Übernahme- und Umladeerklärungen, ICCAT-Fangdokumente für Roten Thun, Wiederausfuhrbescheinigungen sowie andere Unterlagen, die nach Maßgabe der ICCAT-Empfehlung 12-03 zum Zwecke der Kontrolle und Inspektion geprüft werden;

4. genaue Feststellung der Größen von gefangenem, umgesetztem, umgeladenem, angelandetem, befördertem, in Zuchtbetrieben gehaltenem, verarbeitetem oder gehandeltem Roten Thun im Hinblick auf die Einhaltung der Bestimmungen des Wiederauffüllungsplans;

5. den prozentualen Anteil von Beifängen an Rotem Thun an Bord von Schiffen, die keine gezielte Fischerei auf Roten Thun betreiben.

In den Inspektionsberichten werden alle relevanten Ergebnisse der Inspektionen auf See, mittels Luftüberwachung, im Hafen, an Tonnaren, in Aufzuchtbetrieben oder in jedem anderen betroffenen Unternehmen vermerkt. Bei Inspektionen im Rahmen der gemeinsamen internationalen Inspektionsregelung der ICCAT sollte das Inspektionsteam im Logbuch vermerken, wie viele Inspektionen durchgeführt und welche Verstöße festgestellt wurden.

Diese Ergebnisse werden mit den Angaben verglichen, die den Inspektoren von anderen zuständigen Behörden zur Verfügung gestellt werden, einschließlich VMS-Daten, Listen zugelassener Schiffe, Beobachterberichte, Videoaufzeichnungen und alle Fangdokumente.

1.2. *Inspektionsaufgaben bei Luftüberwachung*

Die Inspektoren melden Überwachungsdaten für Gegenkontrollen und gleichen insbesondere Sichtungen von Fischereifahrzeugen mit VMS-Daten und Listen zugelassener Schiffe ab.

Die Inspektoren achten auf IUU-Tätigkeiten (illegale, ungemeldete und unregulierte Fischerei) und melden diese ebenso wie den Einsatz von Suchflugzeugen oder -hubschraubern.

Besondere Aufmerksamkeit ist Schongebieten, den Zeiten der Fangsaison nach Maßgabe der Absätze 21 bis 26 der ICCAT-Empfehlung 12-03 und den Tätigkeiten von Flotten, für die Ausnahmen gelten, beizumessen.

1.3. *Inspektionsaufgaben auf See*

1.3.1. Allgemeine Inspektionsaufgaben

Bei toten Fischen an Bord eines Fangschiffs oder eines anderen Schiffs überprüfen die Inspektoren stets, ob der Fisch rechtmäßig an Bord behalten wird. Die Inspektoren überprüfen die Menge der an Bord behaltenen Fische, um die Einhaltung der ICCAT-Vorschriften für Beifänge und Mindestgrößen zu gewährleisten.

Beim Umsetzen von lebenden Fischen stellen die Inspektoren nach Möglichkeit fest, mit welchen Mitteln die Beteiligten die Mengen umgesetzten Roten Thuns schätzen, die in Anzahl [1] von Rotem Thun angegeben werden. Sind Videoaufzeichnungen verfügbar, so sind sie den Inspektoren zugänglich zu machen. Diese kontrollieren die umgesetzten Mengen anhand der Videoaufzeichnungen und überprüfen, ob die Mindeststandards für Videoaufzeichnungen gemäß Anhang 9 der ICCAT-Empfehlung 12-03 eingehalten wurden.

---

[1] Von Spanien geforderte Änderung.

Die Inspektoren prüfen bei allen Inspektionen systematisch,

1. ob die Fischereifahrzeuge fangberechtigt sind (Kennzeichen, Identität, Fanglizenz, Fangerlaubnis und ICCAT-Listen);

2. ob die Vorschriften für die Schiffsdokumente eingehalten werden;

3. ob die Fischereifahrzeuge mit einem betriebsfähigen VMS ausgestattet sind und die Vorgaben für die VMS-Datenübertragung eingehalten werden;

4. ob die Fischereifahrzeuge nicht innerhalb von Schongebieten fischen und ob sie die Schonzeiten beachten;

5. ob die Quoten und Beifangbeschränkungen beachtet werden;

6. welche Größenzusammensetzung die an Bord befindlichen Fänge haben;

7. welche Mengen Fisch sich an Bord befinden und in welchen Aufmachungen;

8. welches Fanggerät sich an Bord befindet;

9. falls vorgeschrieben, ob ein Beobachter an Bord ist.

Die Inspektoren achten auf IUU-Tätigkeiten und melden diese ebenso wie den Einsatz von Suchflugzeugen oder -hubschraubern.

1.3.2. Inspektionsaufgaben bei Umsetzvorgängen

Die Inspektoren prüfen systematisch,

1. ob die Anmeldebestimmungen eingehalten wurden (wenn möglich);

2. ob der Flaggenstaat jedem Umsetzvorgang innerhalb von 48 Stunden nach der Anmeldung der Umsetzung eine Bewilligungsnummer zugeteilt und diese dem Kapitän oder Tonnarebetreiber oder Zuchtbetrieb mitgeteilt hat;

3. ob die Bestimmungen über ICCAT-Übernahmeerklärungen eingehalten wurden;

4. ob der regionale ICCAT-Beobachter an Bord die Übernahmeerklärung unterzeichnet und dem Kapitän des Schleppers übermittelt hat;

5. ob die Bestimmungen über Videoaufzeichnungen gemäß Anhang 9 der ICCAT-Empfehlung 12-03 eingehalten wurden.

1.3.3. Inspektionsaufgaben bei gemeinsamen Fangeinsätzen

Die Inspektoren prüfen systematisch,

1. ob die bei gemeinsamen Fangeinsätzen geltenden Vorgaben für Einträge ins Fischereilogbuch, einschließlich Verteilungsschlüssel, eingehalten wurden;

2. ob die Behörden der Flaggenstaaten den Fischereifahrzeugen eine Genehmigung zum gemeinsamen Fangeinsatz nach dem Muster in Anhang V der Verordnung (EG) Nr. 302/2009 erteilt haben;

3. ob sich während des gemeinsamen Fangeinsatzes ein regionaler ICCAT-Beobachter an Bord befindet.

1.4. *Inspektionsaufgaben bei der Anlandung*

Bei Anlandekontrollen gemäß den Bestimmungen der Empfehlung 12-03 prüfen die Inspektoren systematisch,

1. ob die Fischereifahrzeuge fangberechtigt sind (Kennzeichen, Identität, Fanglizenz, Fangerlaubnis und gegebenenfalls ICCAT-Listen);

2. ob die Ankunft zur Anlandung fristgerecht bei den zuständigen Behörden angemeldet wurde;

3. ob innerhalb von 48 Stunden nach Abschluss der Anlandung eine Aufzeichnung der Anlandung an die Flaggenstaatbehörde des Fischereifahrzeugs übersandt wurde;

4. ob der Kapitän des Fangschiffs innerhalb von 48 Stunden nach Abschluss der Anlandung eine korrekte Anlandeerklärung an seine Flaggenstaat- und gegebenenfalls Hafenstaatbehörden übermittelt hat;

5. ob die Fischereifahrzeuge mit einem betriebsfähigen VMS ausgestattet sind und die Vorgaben für die VMS-Datenübertragung eingehalten werden;

6. ob die Vorschriften für die Schiffsdokumente eingehalten werden;

7. welche Mengen von Rotem Thun sich an Bord befinden und in welchen Aufmachungen;

8. wie sich alle an Bord befindlichen Fänge zusammensetzen, um festzustellen, ob die Beifangregeln eingehalten und — im Falle von Langleinern — die einschlägigen Bewirtschaftungsmaßnahmen umgesetzt wurden;

9. wie sich die Größen der Fänge von Rotem Thun an Bord zusammensetzen, um festzustellen, ob die Vorschriften zur Mindestgröße eingehalten wurden;

10. welches Fanggerät an Bord mitgeführt wird;

11. ob bei der Anlandung von Verarbeitungserzeugnissen das gerundete Gewichtsäquivalent des verarbeiteten Roten Thuns anhand der ICCAT-Umrechnungsfaktoren berechnet wurde;

12. ob der für den Einzelhandelsverkauf an den Endverbraucher angebotene Rote Thun von Fischereifahrzeugen und/oder Tonnaren im Ostatlantik und im Mittelmeer ordnungsgemäß gekennzeichnet bzw. etikettiert ist;

13. ob der von Köderbooten, Langleinern, Handleinen- und Angelfischern im Ostatlantik und im Mittelmeer angelandete Rote Thun eine ordnungsgemäße Schwanzmarkierung trägt (sofern zutreffend).

1.5. *Inspektionsaufgaben bei der Umladung*

Die Inspektoren prüfen systematisch,

1. ob die Fischereifahrzeuge fangberechtigt sind (Kennzeichen, Identität, Fanglizenz und ICCAT-Listen);

2. ob die Ankunft im Hafen angemeldet wurde und die richtigen Angaben zur Umladung gemeldet wurden;

3. ob die Fangschiffe, die umladen wollen, von ihrem Flaggenstaat eine entsprechende Genehmigung erhalten haben;

4. ob die in der Anmeldung für die Umladung genannten Mengen überprüft werden;

5. ob den Hafenstaaten spätestens 48 Stunden nach dem Datum der Umladung im Hafen eine Umladeerklärung zugestellt wurde;

6. ob sich die einschlägigen Unterlagen an Bord befinden und ordnungsgemäß ausgefüllt sind, einschließlich der Umladeerklärung, der ICCAT-Fangdokumente für Roten Thun und der Wiederausfuhrbescheinigung;

7. ob bei Verarbeitungserzeugnissen das gerundete Gewichtsäquivalent des verarbeiteten Roten Thuns anhand der ICCAT-Umrechnungsfaktoren berechnet wurde.

1.6. *Inspektionsaufgaben in Aufzuchtanlagen*

Die Inspektoren prüfen systematisch,

1. ob sich die einschlägigen Unterlagen an Bord befinden und ordnungsgemäß ausgefüllt und gemeldet wurden (Fangdokumente für Roten Thun und Wiederausfuhrbescheinigung, Übernahmeerklärung, Erklärung über das Einsetzen in Netzkäfige, Umladeerklärung);

2. ob die Behörden des Flaggenstaats des Fangschiffs das Einsetzen in Netzkäfige vorab genehmigt haben;

3. ob bei jeder Umsetzung, Einsetzung und Entnahme von Rotem Thun ein regionaler ICCAT-Beobachter anwesend war und ob dieser die entsprechenden Aufzeichnungen validiert hat;

4. ob alle Umsetz- und Einsetzvorgänge in dem Zuchtbetrieb mittels Videokamera im Wasser überwacht wurden und die Videoaufzeichnungen den Inspektoren zugänglich gemacht werden und den Bestimmungen über Videoaufzeichnungen gemäß Anhang 9 der ICCAT-Empfehlung 12-03 entsprechen;

5. ob alle Einsetzungen in Netzkäfige einem Programm unterliegen, bei dem stereoskopische Kameras oder andere, ebenso präzise Techniken genutzt werden, um die Anzahl und das Gewicht der eingesetzten Fische genauer bestimmen zu können;

6. ob der Staat des Zuchtbetriebs das Einsetzen von Rotem Thun in Netzkäfige in Fällen ablehnt, in denen die Menge nach Anzahl und/oder Gewicht die Menge übersteigt, die der Flaggenstaat zum Einsetzen genehmigt hat.

1.7. *Inspektionsaufgaben beim Transport und bei der Vermarktung*

Die Inspektoren prüfen systematisch:

1. beim Transport insbesondere die einschlägigen Dokumente und vergleichen diese mit den tatsächlich beförderten Mengen;

2. bei der Vermarktung, ob die einschlägigen Unterlagen vorliegen und ordnungsgemäß ausgefüllt sind, einschließlich der jeweiligen Fangdokumente für Roten Thun und der Wiederausfuhrbescheinigung.

2. **Inspektionsberichte**

1. Für Inspektionen im Rahmen der gemeinsamen internationalen Inspektionsregelung der ICCAT verwenden Inspektoren das Muster in der Anlage zu diesem Anhang.

2. Für alle anderen Inspektionen verwenden die Inspektoren die Inspektionsberichte gemäß Artikel 76 der Verordnung (EG) Nr. 1224/2009. Die Inspektionsberichte enthalten die relevanten Angaben aus dem entsprechenden Inspektionsmodul gemäß Anhang XXVII, wie in Artikel 115 der Durchführungsverordnung (EU) Nr. 404/2011 der Kommission (1) vorgesehen.

(1) ABl. L 112 vom 30.4.2011, S. 1.

Anlage

ICCAT-INSPEKTIONSBERICHT Nr. …

1. Inspektor(en)
1.1. Name ……
1.2. Staatsangehörigkeit ……
1.3. Vertragsparteien ……
1.4. ICCAT-Ausweisnr. ……

2. Zeuge des Inspektors
3. Name ……
4. Staatsangehörigkeit ……
5. Vertragsparteien ……
6. ICCAT-Ausweisnr. ……

7. Schiff, auf dem der Inspektor mitfährt
7.1. Name und Registernummer ……
7.2. Flagge ……
8. Inspiziertes Schiff
8.1. Name und Registernummer ……
8.2. Flagge ……
8.3. Schiffskapitän (Name und Anschrift) ……
8.4. Schiffseigner (Name und Anschrift) ……
8.5. ICCAT-Listennummer ……
8.6. Schiffstyp ……
9. Position
9.1. Vom Inspektor bestimmt: …… Breitengrad …… Längengrad ……
9.2. Vom Schiffskapitän bestimmt: …… Breitengrad …… Längengrad ……
9.3. Uhrzeit (GMT) der Positionsbestimmung ……
10. Datum (TT/MM/JJJJ) ……
11. Uhrzeit
11.1. der Ankunft an Bord ……
11.2. des Verlassens des Schiffs ……
12. Fanggerät an Bord

Ringwade ☐ Schleppangeln ☐
Langleine ☐ Angelrute und Leine (Köderboot) ☐
Sonstiges (bitte angeben) …… Anzahl Käfige ……
Netzkäfig(e) Ja Nein

13. Angaben zu etwaigen Fotografien mit Beschreibung des Dargestellten:

……
……
……
……
……

14. Liste der inspizierten Unterlagen und Bemerkungen dazu:
14.1. Logbuch Ja Nein Verstoß Ja Nein
14.2. Fangdokumentation Roter Thun Ja Nein Verstoß Ja Nein
14.3. Übernahme-/Umladeerklärung Ja Nein Verstoß Ja Nein
14.4. Sonstiges (bitte ausführen) ……
15. Ergebnisse der Inspektion des an Bord befindlichen Fischs:
15.1. An Bord befindliche Arten

ARTEN				
GESAMTFANG (kg)				
INFORMATIONS- QUELLE				
ART DER ERZEUGNISSE				
INSPIZIERTE STICHPROBE				
UNTERMASSIG (in %)				

15.2. Angegebene Arten im Käfig/in den Käfigen

Umsetzungsdokument Nr. .... Datum der ersten Umsetzung ....

Empfängerbetrieb ....

Name des Fangschiffs ....

ICCAT-Nr. ....

Käfig Nr. .... Art .... Stückzahl .... Gewicht (kg) ....

16. Festgestellte Verstöße gegen die Bestimmungen der Bestandserhaltungs- und Bewirtschaftungsmaßnahmen der ICCAT (Beschreibung des Verstoßes unter Angabe der Rechtsgrundlage; im Falle eines schweren Verstoßes/schwerer Verstöße ist beigefügtes Blatt auszufüllen):

....
....
....
....
....
....

17. Bemerkungen des Inspektors (bei Bedarf weitere Blätter mit dem Vermerk ‚*Anhang zum ICCAT-Bericht Nr. xxx*‘ verwenden):

....
....
....
....
....
....

18. Unterschrift des Inspektors .... Unterschrift des Zeugen ....

19. Name, Bemerkungen und Unterschrift des Beobachters:

....
....
....
....
....
....

20. Bemerkungen und Unterschrift des Kapitäns:

....
....
....
....
....
....

BEOBACHTETE SCHWERE VERSTÖSSE

Name des Schiffs: ....
Flagge des Schiffs: ....
ICCAT-Nummer: ....

☐ Fischfang ohne von der Flaggen-Vertragspartei ausgestellte Lizenz, Erlaubnis oder Genehmigung;

☐ Versäumnis, die Fänge oder fangbezogene Daten entsprechend den Meldevorschriften der Kommission hinreichend aufzuzeichnen, bzw. umfangreiche Falschmeldungen über solche Fänge und/oder fangbezogenen Daten;

☐ Fischfang in einem Schongebiet;

☐ Fischfang während einer Schonzeit;

☐ absichtliches Entnehmen oder Behalten von Arten in Zuwiderhandlung gegen Bestandserhaltungs- und Bewirtschaftungsmaßnahmen der ICCAT;

☐ schwerer Verstoß gegen die geltenden Fangbeschränkungen oder Quoten entsprechend den ICCAT-Regeln;

☐ Einsatz verbotener Fanggeräte;

☐ Fälschen oder absichtliches Verdecken der Kennzeichen, des Namens oder der Registrierung eines Fischereifahrzeugs;

☐ Verstecken, Verfälschen oder Beseitigen von Beweismaterial zur Untersuchung eines Verstoßes;

☐ wiederholte Verstöße, die zusammengenommen eine ernste Missachtung der geltenden ICCAT-Regeln darstellen;

☐ sonstige von der ICCAT definierte Verstöße, die in einer überarbeiteten Fassung dieser Verfahren veröffentlicht wurden;

☐ tätliche Übergriffe, Widerstand gegen, Einschüchterung, sexuelle Belästigung, Störung, ungehöriges Behindern oder Aufhalten eines bevollmächtigten Inspektors oder Beobachters;

☐ absichtliche Manipulation oder Außerbetriebsetzen des Schiffsüberwachungssystems;

☐ Fangtätigkeit mit Unterstützung von Suchflugzeugen;

☐ Behinderung des satellitengestützten Überwachungssystems und/oder Betrieb ohne Satellitenüberwachungssystem;

☐ Umsetzen ohne Umsetzungserklärung;

☐ Umladen auf See.

Unterschrift des Inspektors .... Unterschrift des Zeugen ....

Datum ....

ANHANG III

INHALT DER NATIONALEN KONTROLLPROGRAMME GEMÄSS ARTIKEL 12

Die nationalen Kontrollprogramme enthalten die nachstehenden Angaben:

1. **Kontrollmittel**

   a) Personalmittel

   Anzahl an Land und auf See eingesetzter Inspektoren sowie mögliche Einsatzzeiten und -gebiete.

   b) Technische Mittel

   Anzahl Patrouillenschiffe und -flugzeuge sowie mögliche Einsatzzeiten und -gebiete.

   c) Finanzmittel

   Mittelzuweisung für den Einsatz von Personal und Patrouillenfahr- und -flugzeugen.

2. **Bezeichnung von Häfen**

   Die nach der ICCAT-Empfehlung 12-03 erforderliche Liste der bezeichneten Häfen und Zeiten.

3. **Inspektionsprotokolle**

   Ausführliche Protokolle mit Angabe der angewandten Methoden für alle Inspektionstätigkeiten.

   Die Mitgliedstaaten stellen zudem sicher, dass ihre Kontrollprogramme folgende Überprüfungen einschließen:

   1. *Fänge:*

      a) Menge (geschätzte Biomasse) und genaue Stückzahl,

      b) Entsprechung von Fangmengen und zugeteilter Quote,

      c) Einhaltung der Mindestgröße mit einer Toleranz von % nach Stückzahl.

   2. *Umsetzung:*

      a) Vorabgenehmigung der Umsetzungen in Schleppkäfige und Aufzuchtkäfige,

      b) genaue Menge (Gewichtsangabe) und Anzahl der in einen Schleppkäfig umgesetzten Tiere,

      c) beim Umsetzen verendete Tiere und deren Bestimmung.

   3. *Zuchtbetrieb:*

      a) Bestätigung der Legalität der Fänge und Vorabgenehmigung durch Flaggenmitgliedstaat,

      b) genaue Menge (Gewichtsangabe) und Anzahl der in Mastkäfige umgesetzten Tiere,

      c) Nutzung eins Stichproben-/Markierungsprogramms zur Schätzung der Gewichtszunahme.

   4. *Entnahme und Ausfuhr:*

      a) genaue Menge (Gewichtsangabe) und Anzahl der entnommenen Tiere,

      b) Anwendung des regionalen Beobachterprogramms der ICCAT,

      c) genaue Menge nach Erzeugnisart (Angabe der Umrechnungsfaktoren).

4. **Leitlinien**

   Leitlinien für Inspektoren, Erzeugerorganisationen und Fischer.

5. **Kommunikationsprotokolle**

   Protokolle für die Kommunikation mit den von den anderen Mitgliedstaaten benannten zuständigen Behörden für das spezifische Kontroll- und Inspektionsprogramm für Roten Thun.

ANHANG IV

MONATLICHE ÜBERSICHT ÜBER DIE DURCHFÜHRUNG DES NATIONALEN KONTROLLPROGRAMMS FÜR ROTEN THUN

ABSCHNITT A

Anzahl der Inspektionen im Zusammenhang mit dem nationalen Kontrollprogramm

Mitgliedstaat: … Jahr: … Monat:	Inspektionen von Schiffen und Betreibern des Mitgliedstaats						Inspektionen von Schiffen und Betreibern aus anderen Mitgliedstaaten oder Drittländern					
Gemeldet von:	Anzahl der Inspektionen und Verstöße im Rahmen gemeinsamer Einsatzpläne			Anzahl der Inspektionen und Verstöße außerhalb gemeinsamer Einsatzpläne			Anzahl der Inspektionen und Verstöße im Rahmen gemeinsamer Einsatzpläne			Anzahl der Inspektionen und Verstöße außerhalb gemeinsamer Einsatzpläne		
IN DER FISCHEREI AUF ROTEN THUN ZUGELASSENE SCHIFFE, ZUCHTBETRIEBE UND TONNARE	Auf See	An Land	Verstöße (*)	Auf See	An Land	Verstöße (*)	Auf See	An Land	Verstöße (*)	Auf See	An Land	Verstöße (*)
Ringwadenfänger												
Langleinenfänger												
Andere Leinenfänger												
Köderboote												
Trawler												
Schlepper, Hilfs- und Verarbeitungsschiffe												
Tonnare												
Zuchtbetriebe												
IN DER FISCHEREI AUF ROTEN THUN NICHT ZUGELASSENE SCHIFFE UND ANDERE BETREIBER												
Fischereifahrzeuge (im EU-Flottenregister)												
Schiffe der Sport- und Freizeitfischerei												
Andere Schiffe												
Inspektionen von Lastwagen und beim Transport												
Inspektionen beim Erstverkauf												
Inspektionen im Einzelhandel												
Restaurantinspektionen												
Andere Inspektionen (bitte näher erläutern)												

BEMERKUNGEN

ABSCHNITT B

Nähere Angaben zu den Verstößen (*)

ID	Datum	Kontrollart	Gebiet	Inspektionsbericht Nr.	Flagge	ICCAT-Nr. (oder CFR oder externe Kennzeichnung)	Name	Fanggerät oder Typ	Beschreibung	Rechtsgrundlagen	Schwerer Verstoß?	Menge an Rotem Thun im Zusammenhang mit dem Verstoß (Anzahl und Menge)		Ergriffene Maßnahmen	Nächste Maßnahme oder Begründung für Untätigkeit	Erwartete Dauer der Untersuchung	Einzelheiten zur abschließenden Entscheidung	Fall abgeschlossen?	Bemerkungen
(1)	(2)	(3)	(4)	(5)	(6)	(7)	(8)	(9)	(10)	(11)	(12)	(13)	(14)	(15)	(16)	(17)	(18)	(19)	(20)

(*) Verstöße gegen Maßnahmen, die in diesem Beschluss festgeschrieben und für EU- und ICCAT-Bestimmungen im Zusammenhang mit Rotem Thun relevant sind.

SCHLÜSSEL (für Abschnitt B)

Nr.	FELD	BESCHREIBUNG
1	ID	Eindeutige Kennnummer für jeden Verstoß
2	Datum	Datum, an dem die Inspektion durchgeführt wurde
3	Kontrollart	S = See, P = Hafen, F = Zuchtbetrieb, T = Tonnare, O = andere
4	Gebiet	Für ‚S‘ Koordinaten angeben; für ‚P‘, ‚F‘, ‚T‘ oder ‚O‘ Name des Gebiets oder Hafens oder der Gemeinde
5	Inspektionsbericht Nr.	Nummer des ICCAT- (oder des nationalen)Inspektionsberichts

Nr.	FELD	BESCHREIBUNG
6	Flagge	Flagge des inspizierten Schiffs/Betreibers
7	ICCAT- Nr. (oder CFR oder externe Kennzeichnung)	ICCAT-Nummer oder Nummer des EU-Flottenregisters oder — falls beides nicht vorhanden — externe Kennzeichnung des inspizierten Schiffs/Betreibers
8	Name	Name des inspizierten Schiffs/Betreibers
9	Fanggerät oder Typ	Zur Zeit der Inspektion vom Schiff/Betreiber eingesetztes Hauptfanggerät oder ‚farm' (Zuchtbetrieb), ‚trap' (Tonnare), ‚first buyer' (Erstkäufer), ‚retail' (Einzelhandel), ‚restaurant' (Restaurant), ‚transport' (Transport), ‚sport/rec' (Sport/Freizeit), ‚other' (andere; bitte näher erläutern)
10	Beschreibung	Beschreibung des Verstoßes
11	Rechtsgrundlagen	Angabe der Rechtsgrundlage(n) (EU-Recht und/oder ICCAT-Empfehlung)
12	Schwerer Verstoß?	Angabe, ob es sich um einen schweren Verstoß handelt Y/N
13	Anzahl	Anzahl von Rotem Thun im Zusammenhang mit dem Verstoß
14	Menge	Menge an Rotem Thun im Zusammenhang mit dem Verstoß
15	Ergriffene Maßnahmen	Beschreibung aller nach der Inspektion ergriffenen Maßnahmen; falls keine Maßnahmen erfolgten, ‚none' (keine) angeben
16	Nächste Maßnahme oder Begründung für Untätigkeit	Gegebenenfalls nächste geplante Maßnahme. Begründung, falls keine Maßnahmen ergriffen wurden.
17	Erwartete Dauer der Untersuchung	Erwartete Dauer der Untersuchung und/oder des Verfahrens
18	Einzelheiten zur abschließenden Entscheidung	Bußgeld, Sanktion, Beschlagnahmung… (indicate also quantities)
19	Fall abgeschlossen?	‚Y', wenn der Fall abgeschlossen ist; ‚N', wenn nicht
20	Bemerkungen	Allgemeine Bemerkungen“